JOBA STYLE

三條場夏海 ファッションディレクター

なりたい私になる **31** のわがまま

PROLOGUE

この本を手に取ってくださり、ありがとうございます。
ファッションディレクターの三條場夏海です。

私は現在、念願叶って自分のブランドを立ち上げ、そして自分の会社を起業・運営しています。
大好きなファッションと向き合いながら、刺激的な毎日を送っています。

そんな中フォロワーのみなさんからは
「なぜ、ジョバさんはそんなにもアクティブに、ポジティブにいられるの?」
とお声をかけていただくことが、とても多くあります。

前作のスタイルブックでは、5着のベーシックなアイテムを使って
100体のコーディネートを紹介させていただきましたが、
今回は、ファッションに特化した前作とは少し趣向を変えて、
私が日々を前向きに、自分らしくいるために
大切にしている考え方をご紹介できないか? と考えました。

「なりたい私になる31のわがまま」

私がここで言う「わがまま」とは、他者に対する自己中ではなく
自分の中の弱さや甘えまで受け入れながら
自己実現のために、「なりたい私」になるために、とことんこだわり続けること。
つまり、「自分を大切にすること」です。
ファッション面とモチベーション面で、マイルールを31個挙げてみました。

31という数字は、1か月を意識しています。
この本を手に取ってくださったみなさんが
デイリーに、この本をパラパラとめくって
その日の言葉との出会いを楽しんでくれたら嬉しいです。

毎日、自分に自信を持てる、なりたい自分でいられるための
お守りのような一冊になりますように。

JOBA RULES

RULES OF FASHION

RULES OF MOTIVATION

CONTENTS

CONTENTS

CHAPTER
1

JOBA STYLE
RULES OF FASHION

ファッションは私にとって最も重要な自己表現のひとつ。
服を着ることで、なりたい自分が見えてきます。
気分も、体型も、憧れの女性のイメージでさえも、
私の「こうなりたい」をファッションによって具現化できる。
なにかを「目指す」ということを日常的に習慣化している
私にとって、装うことは夢を叶えるための羅針盤なんです。

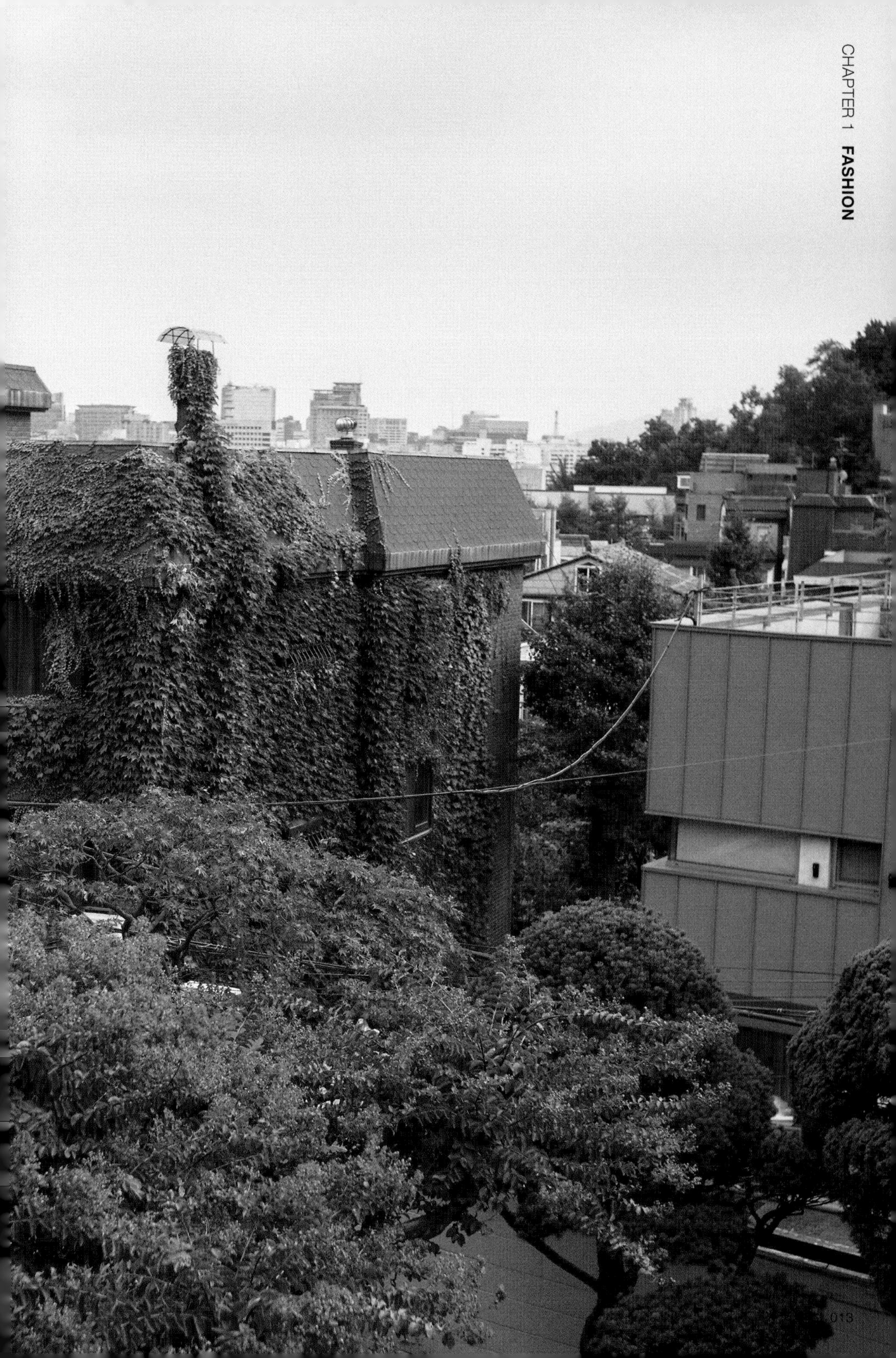

01

からだのバロメーターになる
トップスを持つ。

からだのラインを拾いやすい
フィットしたシルエットの黒タートルや白Tシャツたち。
私は毎年同じものを着るので、「あ、少し太ったかな」と
からだの変化に気づかせてくれる。
自分のコンディションの基準となる服を持っておくことは
年齢が変わってもモチベーションにつながります。

黒タートルにデニムの
組み合わせは私のベーシック。
ウエストからヒップライン、二の腕など、
気になるところがすべてわかってしまうからこそ、
体型維持に気合いが入ります。

knit : UNIQLO
denim : LEVI'S
earrings : JIL SANDER

02

デニムは必ず
トレンドを見て更新する。

定番のデニムこそ、実は時代を反映している
アイテムなのです。シルエットやカラー、
加工方法からディテールまで、
その時々のトレンドが詰まっているのがデニム。
なんだかコーディネートが古いなと感じた時、
最初に見直してほしいアイテムです。

デニムはずるっと引きずるくらいの
レングスがいまの気分です。
裾からヌーディな足元を覗かせたり、
ミニバッグを合わせたり。私の好きな
女っぽい要素を散りばめて楽しみます。

denim : NEEDBY heritage
knit : Gajess
cap : NEW ERA
earrings : R.ALAGAN
bag : MIU MIU
shoes : MANOLO BLAHNIK

ロゴTに抵抗があるならローライズデニムと
合わせてトライしてみてほしい。
トップスをゆるっとさせることで抜けが生まれ、
大人っぽく着こなせるはず。大きなクロシェバッグを
持ってリラックスしたムードに。

全身黒でまとめたストイックなコーディネートは
色落ちしたデニムと、落ち感のある
ゆるっとシルエットでいまっぽい抜け感が生まれます。
裾からちらっと覗く白ソックスもアクセント。
足元はポインテッドトゥでピリッと辛口に。

denim : LEVI'S
T-shirt : Isabel Marant Étoile
earrings : MARIA BLACK
bag : ZARA HOME
shoes : STUDIO DOE

denim : LEVI'S
knit : UNIQLO
earrings : JIL SANDER
bag : HEREU
socks : Tabio
shoes : MIU MIU

ヘルシーなワンショルダートップスを
ハンサムに着崩すためにデニムを投入。
ヒップ周りにゆとりのあるデニムを選べば
トップスの華奢さがさらに映えます。
クラッチバッグとヒールで艶っぽさも加えて。

denim : YANUK
top : INSCRIRE
cap : NEW ERA
bracelet : SOPHIE BUHAI
bag : MANSUR GAVRIEL
shoes : NEBULONI E.

ラフなデニム×デニムの時は
メリハリのあるバランスが必要。
例えばオーバーサイズのシャツには
ヒップラインがきれいにフィットするデニムパンツを。
襟元は大きめに開けて肌で艶っぽさを演出。

denim : LEVI'S
jacket : Calvin Klein
sunglasses : CELINE
earrings : JIL SANDER
bag : MIU MIU
shoes : ATP atelier

03

いつでも白Tが似合う
自分でいる。

いまの自分をそのまま映し出してしまうのが白T。
何かを隠したり、カバーしたり出来ない
ごまかしのきかないアイテムです。
体型も顔色も、そして気分までも
いまの自分が全部出てしまうから、
白Tを着るために、いつだって自分を整えておく。
それは肌、髪、体型すべて。
いまの自分がどんなコーディネートが好きなのか、
合わせるアイテムに表れるのも興味深いです。

インパクトのあるレオパード柄は
白Tと組み合わせることで
日常に馴染むスタイリングに。
バッグもニュートラルなカラーに
することで、派手なレオパード柄を
上品に仕上げられます。

T-shirt : Gu.ess
skirt : WRAPINKNOT
earrings : JIL SANDER
bag : MIU MIU
shoes : New Balance

センターシームが入ったきれいめパンツも
白Tがあれば、堅すぎないスタイリングに。
白Tが持つ抜け感が、ラフなサンダルと
ムードをつなげてくれます。ベルトやバッグは
上質なものを合わせて大人っぽく。

女っぷりを格上げする
白Tとベージュの組み合わせは大好物。
ベージュでしか出せない柔らかさを
白Tがほんの少しだけ
カジュアルに崩してくれるんです。

T-shirt : Gajess
knit : Gajess
pants : Gajess
earrings : MARIA BLACK
belt : THE ROW
bag : JIL SANDER
shoes : STUDIO DOE

T-shirt : Gajess
pants : Gajess
sunglasses : CELINE
earrings : JIL SANDER
bag : MIU MIU
socks : Tabio
shoes : CAMINANDO

肌の露出が多いコーディネートこそ
クリーンな印象にしてくれる白Tの出番。
コンパクトな着こなしに対象的な
ビッグショルダーバッグが
新鮮さをプラスしてくれます。

T-shirt : Gajess
skirt : MIU MIU
cap : KIJIMA TAKAYUKI
sunglasses : CELINE
earrings : JIL SANDER
bag : MIU MIU
shoes : OOFOS

たとえ見える面積が少なくても、
インナー選びはとても重要。
ハードなエコレザージャケットも、白Tの気取らない
コットンの質感がこなれさせてくれるので
肩の力を抜いて着こなすことが出来ます。

T-shirt : Gajess
jacket : Gajess
denim : CELINE
earrings : MARIA BLACK
bag : HEREU
shoes : MANOLO BLAHNIK

04

肌と髪は
ファッションの一部。

足し算が少ないシンプルコーディネートは、
肌や髪というパーツに焦点が当たりやすくなります。
アメリカンスリーブは肌がきれいでこそ魅力的だし、
ラフなスウェットは美しい髪が上品に仕上げてくれる。
日頃のケアを怠らず、艶やかな肌と髪を
手に入れれば、自分のからだの一部が
ジュエリー代わりになるって素敵なことですよね。

ファッションに割く時間と同じくらい、美容に没頭する時間も大好き。
時には自分のからだに向き合って、艶をきちんと感じられるかどうか、確認するのを忘れないでほしい。

bustier : Gajess　**necklace** : Cartier

05

自分に似合うピンクを知る。

ピンクっていつでもキュンとさせてくれて、
どんな年齢の女性も可愛くいられる永遠の魔法の色。
私にとって、お守りみたいな存在です。
ピンクとひとことで言っても、青みのあるフューシャピンクから
やさしいペールピンクまでさまざまなトーンがあり、
それぞれに個性や雰囲気が違うのも魅力。
いまの自分に似合うピンクを探求するのも楽しいです。

私が大好きな組み合わせ、ピンク×ピンクのコーディネート。
やや青みがかったトーンで揃えて、濃度が違う組み合わせを楽しみました。
足元はファーのミュールでバービー気分に。

T-shirt : Gajess   **skirt** : Gajess
earrings : MARIA BLACK   **bag** : ANTEPRIMA   **shoes** : PELLICO

06

冬の色気は黒タートルで
辛口に楽しむ。

肌を露出しない冬は、シルエットで色気を語ります。
からだのラインをそのまま拾うタイトなタートルニットは
まさにうってつけのアイテム。
セクシーさが過剰にならないように、色は辛口の黒を。
ムードをピリッと締めてくれる黒タートルには
毎年、毎週、毎日のように頼っています。

甘いボリュームスカートも
黒タートルの力で凛とした女性像に。
足元はブーツではなくスニーカー、
髪はダウンヘアではなくタイトヘアがいまの気分。
女性であることを媚びずに楽しむのが好き。

knit : UNIQLO
skirt : Gajess
earrings : JIL SANDER
bag : MIU MIU
shoes : SALOMON

黒タートル×ブルーデニムは
私の制服的コーディネート。
淡いブルーデニムに対して、他はすべてブラックで統一。
一粒パールを粒立たせつつ、
バッグのチェーンもアクセサリー感覚で楽しみます。

knit : UNIQLO
denim : LEVI'S
earrings : vintage
bag : CHANEL
shoes : SALOMON

トレンドのミニスカートを大人ムードに
格上げさせたコーディネート。
旬のアイテムを投入する時は、
ベーシックカラーでまとめると
落ち着いたシックな着こなしになります。

knit : UNIQLO
skirt : MIU MIU
sunglasses : CELINE
bag : MIU MIU
shoes : GANNI

タイトな黒タートルと、ボリュームのある
パンツとのコントラストを強調したスタイル。
コンサバティブに仕上げないコツは
トレンドを意識した小物使い。
ストリートテイストを足元に足すのも好きです。

knit : UNIQLO
pants : Gajess
earrings : MARIA BLACK
bracelet : PERRINE TAVERNITI
bag : MIU MIU
shoes : adidas Originals

冬はインナーとして毎日着られるほど
万能なのが黒タートル。ボリュームのある
アウターを羽織った時、中から覗く黒タートルの
からだのラインが強調されるギャップが好き。
上品に色気を演出来る名インナーです。

knit : UNIQLO
coat : vintage
pants : Gajess
earrings : MARIA BLACK
bag : HEREU
shoes : GUCCI

07

シンプル派こそ
小物に投資する。

欲しい小物を見つけた時、「これを身につけたい！」と
ときめく気持ちごと買っています。
手に入れた時のワクワクをずっと大事に出来れば、
それは絶対に無駄遣いにならない。
私のシンプルスタイルの最強の味方は、間違いなく小物。
ファッションを楽しむモチベーションの
お守りとして、少しずつ投資しています。

まさに一目惚れしたTHE ROWのベルト。
少し赤みのあるブラウンが上品で、シーズンを問わず年中愛用しています。
価格は決して安くありませんが、それ以上に使う時の高揚感を考えると大満足しています。

belt : THE ROW

08

スウェットは一年中着る。

私が一年を通して着続けたいアイテムの代表、スウェット。
スウェットとひと括りに言っても
プルオーバー、フーディ、パンツなど
バリエーションは豊富。そしてそのどれも大好きです。
カジュアルに見せたいのか？ スポーティに見せたいのか？
それとも、きれいめスタイルのハズしで使いたいのか？
自分の目的をきちんと知っておくことが
スウェット選びの基準になります。

くたっとした素材感が魅力の
オーバーサイズのスウェットは、
フェミニンなボトムと合わせるのが
お気に入り。誰でも一瞬で
こなれ感をつくれる万能コーディネート。

sweat shirt : California General Store
skirt : Gajess
earrings : SOPHIE BUHAI
bag : MIU MIU

サイズ感がコンパクトなスウェットは
プルオーバー感覚で着ています。
丈の短さを利用して、メンズライクなパンツの
ウエストのディテールを覗かせて。上質なベルトを
合わせるとスウェットスタイルがたちまち大人顔に。

sweat shirt : Gajess
pants : Gajess
earrings : JIL SANDER
belt : THE ROW
bag : CELINE
shoes : STUDIO DOE

メンズも着られるオーバーサイズの
スウェットはミニ丈と相性抜群。
子どもっぽくならないように、
ラフィア素材のごつめサンダルで
足元にバランスの重心を置きます。

sweat shirt : Gajess
pants : Gajess
earrings : MARIA BLACK
bag : MIU MIU
shoes : Tod's

ネックの開きが広めのタイプは、
スウェット初心者さんにオススメ。
ちらりと覗く鎖骨に華奢なネックレスを
合わせれば、ラフなスウェットスタイルに
ひとさじの色っぽさを加えられます。

sweat shirt : Champion
denim : LEVI'S
sunglasses : CELINE
necklace : MARIA BLACK
bracelet : PERRINE TAVERNITI
bag : MANSUR GAVRIEL
shoes : MIU MIU

上級者向けアイテムと思われがちな
スウェットパンツ。実は意外なほど
きれいめアイテムと好相性。
ベーシックシャツも新鮮に見せてくれる
コーディネート力の高さに夢中です。

sweat pants : Gajess
shirt : Gajess
bustier : Gajess
cap : CELINE
bag : HEREU
shoes : SALOMON

09

わからないことは
詳しい人に潔く教わる。

私のスニーカースタイル、実はまだまだ初心者レベル。
取り入れるのは好きだけど、詳しい知識はゼロです。
スニーカーに限らず、むしろファッションに限らず
もし不得意なことがあれば、私は潔く人に頼ります。
詳しい人から教えてもらうと
自分ひとりでは決してたどり着けない情報や
その人のセンスにまで触れることが出来て、
嬉しい発見に出会えるのも魅力。

きれいめなコーディネートにもすっと
馴染むのがSALOMONのスニーカー。
高機能なのにデイリーに使いやすい
アーバンなテイストが好きなブランドです。
程よくソールにボリュームがあるので
ミニボトムスとの相性も最高なのが嬉しい。

shoes : SALOMON
top : PROTAGONISTA
skirt : MIU MIU
earrings : MARIA BLACK
necklace : Cartier

10

挑戦も定番も
ジャケットを味方にする。

ちょっと難しいかなと思う挑戦アイテムも
ジャケットがあれば上品にまとめてくれます。
少しカジュアルすぎるかなと不安に思うアイテムも
ジャケットを羽織れば、たちまち大人の顔に。
そして、着慣れた定番アイテムはジャケットが
スタイリッシュに仕上げてくれる。
合わせる相手をいつも活かしてくれる
ジャケットのコーディネート力に頼っています。

ニットビスチェ×ニットパンツという
少しハードルが高いセットアップに
同じトーンのジャケットを合わせて
スリーピース風に。気になるタイトな部分は
ビッグジャケットがカバーしてくれます。

jacket : Gajess
bustier : Gajess
pants : Gajess
earrings : JIL SANDER
bag : MIU MIU
shoes : MANOLO BLAHNIK

黒ジャケットの時は、ジャケット自体を
柔らかいテクスチャーにすると、かしこまりすぎず、
リラックスしたムードで着こなすことが出来ます。
ボトムスにはユーズド風の味わいがあるデニムを選択。
足元はビーサンというアンバランスさもポイントです。

jacket : ZARA
top : Gajess
denim : CELINE
necklace : MARIA BLACK
bag : MIU MIU
shoes : OOFOS

ロゴTシャツとジャケットは相性抜群。
ジャケットから覗く小さな面積だからこそ
遊び心のあるデザインも取り入れやすくなります。
ボーイッシュなスタイリングの最後には
あえてフェミニンなバレエシューズをプラス。

jacket : Gajess
T-shirt : Palace Skateboards
pants : Gajess
sunglasses : CELINE
bag : CHANEL
shoes : Repetto

シャツなど襟付きのインナーを着る時は
ノーカラージャケットをセレクト。
襟周りがすっきりするだけでなく、
かしこまりすぎた雰囲気を抑えられます。
モードな白小物で遊び心も忍ばせて。

jacket : INSCRIRE
shirt : Gajess
pants : Gajess
earrings : JIL SANDER
bag : JIL SANDER
shoes : CELINE

ジャケットにはスウェットパンツを
一気に格上げしてくれる力があります。
さらにデコルテが大胆に開くインナーを仕込んで
さりげなく色気を演出。リッチな小物使いも
カジュアル服のアップデートに一役買っています。

jacket : Gajess
top : ë BIOTOP
sweat pants : Gajess
earrings : JIL SANDER
bag : SAINT LAURENT
shoes : New Balance

全身を潔く白でスタイリング。
服の面積が少ない夏だからこそ
全身ワントーンは積極的に楽しむようにします。
メリハリを失わないように
ピリッと締まるブラック小物も忘れずに。

top : Gajess
pants : Gajess
sunglasses : CELINE
earrings : MARIA BLACK
bag : CHANEL

11

夏の肌見せは
アメスリでヘルシーに。

夏にとことん肌を出すのが好き。
どこかに色気をまとっていたいけど、
夏の色気はヘルシーさが鍵だと思います。
アメリカンスリーブのトップスなら
合わせるボトムスがメンズライクな時でさえ、
ヘルシーに生まれ変わる。アメスリは
肌を出すパーツが胸元じゃなく、肩周りという点がポイント。
だから媚びない色気が手に入る。

ワントーンコーディネートは
素材感を変えるのがポイント。
ブラウンを色っぽく仕上げてくれる
レザーの艶も鍵になります。サングラスや
サンダルなどの夏小物で、さらにスパイシーに。

top : Edition
pants : Nanushka
sunglasses : Oliver Peoples
bag : Isabel Marant Étoile
shoes : Tod's

ブラック×ブラックで
一見ワンピースに見えるようにスタイリング。
全身黒をフォーマルにシフトさせないコツは足元。
ストリートテイストの厚底スニーカーなら
コンサバ感を程よく抑えてくれます。

top : H BEAUTY & YOUTH
skirt : Gajess
sunglasses : CELINE
bag : Ray BEAMS
shoes : PUMA

ガーリーな台形ミニスカートには
タンクトップではなくアメスリをチョイス。
脚の露出具合と首の詰まり具合を
反比例させたバランスが重要。
足元もスニーカーでハズしをプラス。

top : Gajess
skirt : Gajess
earrings : MARIA BLACK
bag : MIU MIU
shoes : SALOMON

アメスリのセクシーさを際立たせてくれる
中性的なローライズデニム。
上品なミュールと肩にかけたラフなスウェットの
対照的なテイストの組み合わせが
大人の抜け感を演出します。

top : Gajess
sweat shirt : Gajess
denim : LEVI'S
earrings : JIL SANDER
bag : HEREU
shoes : MIU MIU

12

一生、ミニが似合う
チャーミングな女性でいる。

いつまでもミニを穿いて、笑っていること。
年齢を重ねても、チャーミングさは忘れないこと。
それらは私にとって大事な約束事です。
何歳になってもミニボトムスを素敵に穿きこなしている女性を
見かけると可愛いなぁ、といつもキュンとします。
体型維持のモチベーションも重要ですが、
「ずっとミニを穿き続けよう」という
前向きなマインドも失わないようにしています。

マイクロミニのスカートを穿く時は、
上品な印象を損なわないように調整が必要。
オーバーサイズのレザージャケットなど
メンズライクなアイテムを合わせると
セクシーさを程よく調整出来てオススメです。

skirt : MIU MIU
jacket : Gajess
top : Gajess
earrings : MARIA BLACK
necklace : Cartier
bag : MIU MIU
shoes : MIU MIU

ショートパンツをクラシックに
仕上げたコーディネート。ソックスで脚の
露出面積をコントロールするのも
ミニならではの楽しみ方です。
旬のごつめローファーでトレンドも意識。

pants : Gajess
knit : THE SHISHIKUI
earrings : JIL SANDER
bag : CHANEL
socks : Tabio
shoes : CAMINANDO

シャツの生地を使用したショートパンツに
素材の厚さが対照的なざっくりニットを合わせて
メリハリのあるバランスに。ほっこりした
アイテム同士の組み合わせなので、
辛口小物を足してブレイフルに仕上げます。

pants : Gajess
knit : Gajess
cap : KIJIMA TAKAYUKI
sunglasses : Oliver Peoples
bag : Palace Skateboards
shoes : OOFOS

夏のドライブや散歩に行きたくなるルック。
オーバーサイズのロゴTは、
ヘルシーなサイクリングパンツと相性抜群。
ジムウェアに見せないコツは、
ラグジュアリーなバッグのポイント使いです。

pants : THE SHISHIKUI
T-shirt : Nike
sunglasses : THE SHISHIKUI
earrings : MARIA BLACK
bag : MIU MIU
shoes : SALOMON

お気に入りのロングブーツを履きたくて
足元から考えたコーディネート。
露出する肌の面積が小さくなるから
大胆なマイクロミニのショートパンツも
ヘルシーにバランスよく着こなせます。

pants : Gajess
knit : Gajess
earrings : JIL SANDER
bag : MIU MIU
shoes : GANNI

13

とっておきのドレスを
一着は用意しておく。

素敵だなと思うのはドレスアップをきちんと楽しめる大人。
突然訪れるフォーマルなシーンでも慌てず、
エレガントに振る舞える女性に憧れます。
自分に似合う最高のドレスを一着持っておくことが
自信にもつながるから、ドレス探しは大人のたしなみ。
ただし、アップデートを怠らないこと。
フォーマルなアイテムこそ時代が止まって見えないように、
"いまの自分"に焦点を当てたドレス選びを。

私の体型は肩周りや二の腕をしっかり出す
デザインが似合いやすいタイプ。
逆に胸元はほとんど出しません。
自分のからだに合っているかどうかが、
シンプルなドレスでも素敵に見える秘訣です。

dress : Gajess
earrings : SOPHIE BUHAI
bag : MANSUR GAVRIEL

14

ファーは
ラグジュアリーに着ない。

デザインや着こなしによって
キュートにもゴージャスにもなるファーコート。
羽織るだけで簡単に華やぐところが好きです。
ラグジュアリーに振りすぎると古臭くなるので
ニットパンツやスニーカー、ラフなTシャツなど、
遊び心たっぷりにスタイリングするのが正解。
カジュアルにコーディネートしても
どこかセクシーな女性の香りがする、
そんなファーを着ることは冬の楽しみのひとつです。

ショート丈のファーコートはマダムっぽさが出なくてオススメ。
フロントを閉じて着ればクラシックなレディ感もUP。
ボトムスはニットパンツでハズしをプラス。

outer : Gajess **pants** : Gajess
earrings : JIL SANDER **bag** : MIU MIU

15

セットアップのコスパ力に頼る。

セットアップって上下2つ買わないといけないし、
高くつくと思っていませんか？
でも、上下がリンクするだけで特別感がUPするし、
トップスだけでもボトムスだけでも活躍するから
実はすごくコスパ力が高いアイテム。
セットアップを準備しておくと、
着て出かけるシーンが大幅に広がります。

シャツ1枚だと真面目な表情なのに、ショーツが加わることで、こんなにもリラックスムードに変化するのが魅力。
脱パジャマな着こなしにするヒントは、バッグやシューズにドレッシーさを足すこと。

shirt & pants : Gajess　**earrings** : MARIA BLACK　**necklace** : Cartier
bag : MIU MIU　**shoes** : MIU MIU

セットアップの代表格、ジャケット＆パンツには
どこかに必ず抜けを感じるアイテムを投入。
例えばインナーにカジュアルな
コットン素材のカットソーを仕込んだり、
足元をスニーカーにしたりと、ハズしをプラス。

jacket & pants : Gajess
T-shirt : Gajess
earrings : JIL SANDER
bag : SAINT LAURENT
shoes : PUMA

一見難しそうなスウェットのセットアップの時、
私はブランド小物に頼ります。
さらにトップスの丈感は短め、リブの強度がしっかりした
タイプを選ぶと、スタイルアップしやすい好バランスに。
初心者さんにはオススメのテクニックです。

sweat shirt & sweat pants : Gajess
cap : NEW ERA
earrings : JIL SANDER
bag : MIU MIU
shoes : New Balance

きれいなカラーこそ、
思い切ってセットアップで楽しんでみる。
安っぽく見せないコツは、上質なリネンなど
品よく仕上がる素材選びにあり。トレンドの
スニーカーやミニバッグでエッジーさもプラス。

top & skirt : Gajess
sunglasses : THE SHISHIKUI
bag : ANTEPRIMA
shoes : SALOMON

ワンピース風の着こなしが出来る
ブラウスとスカートのセットアップ。
上下ならオケージョンシーンに、
セパレートならデイリーにも活躍してお得な気分。
ローファー＆白ソックスで崩すのも好き。

top & skirt : Gajess
earrings : SOPHIE BUHAI
bag : HEREU
socks : Tabio
shoes : CAMINANDO

16

足元を迷ったら
ミュールに還る。

パンプスより気楽で、サンダルよりきれいめ。
女っぽさもちょうどいいミュールは、私のスターアイテム。
コーディネートがうまく決まらなくて悩んだら、
足元をミュールに変えてみる。
デニムさえも少しセクシーに見せてくれる
そんなミュールは、他に代えがたい魅力があります。

MANOLO BLAHNIKのミュールは
「いつまでも似合う私でいよう」と
目標にするほど大事なアイテム。
淡いベージュのスキンカラーが
醸し出すヌーディなムードも好き。

shoes : MANOLO BLAHNIK
knit : UNIQLO
denim : LEVI'S
earrings : JIL SANDER

17

アウターは
ショートかロングの二択。

身長がそこまで高くない私にとって、
中途半端な丈のアウターはハードルが高いアイテム。
脚が長く見えてスタイルアップ効果のあるショート丈か、
すっきりとしたIラインに整えてくれるロング丈。
アウター選びをこの二択に絞ると、
バランスよく仕上がって一日中ご機嫌でいられるし、
外出前のコーディネート時間が劇的に短縮出来ます。

ダウンジャケットをバランスよく
着こなすには、とにかく半端丈NG。
ボトムスはゆったりとしたワイドパンツなのに
ボリューミーなダウンジャケットで
こんなにもすっきり見えるのは
ショート丈を選んでいるおかげです。

outer : MACKAGE
pants : Gajess
earrings : R.ALAGAN
bag : MIU MIU
shoes : ZARA

中は足先まで黒でつくったIライン、
羽織ったアウターは白のショート丈。
色のメリハリと、丈のコントラストでつくる最強バランス。
ダウンジャケット初心者も
苦手意識がなくなるコーディネートです。

outer : MACKAGE
knit : INSCRIRE
skirt : Gajess
sunglasses : CELINE
bag : MIU MIU
shoes : ATP atelier

ロングコートはダークカラーを選ぶと
全体がより引き締まり、すっきり見えます。
中に着たアイテムが明るい膨張色でも
ロングコートのすっきり細身な
Iライン効果で理想的なバランスに。

outer : Max Mara
top : Gajess
pants : Gajess
cap : NEW ERA
earrings : SOPHIE BUHAI
bag : THE ROW
shoes : New Balance

ファーコートのスタイリングに悩んだら、
それをトップスとしてとらえると
コーディネートがつくりやすくなります。
例えば、ざっくりニットと想定してデニムを合わせてみる。
ショート丈だから成り立つオススメのテクニックです。

outer : Gajess
denim : CELINE
earrings : MARIA BLACK
bag : HEREU
shoes : GUCCI

ボトムスがチラ見えするロングコートの時こそ、
思い切りカジュアルなスウェットパンツの出番です。
ラフなスウェットパンツと
エレガントなアイテムをかけ合わせるという
ミックス感覚が醍醐味のスタイリング。

outer : forte_forte
knit : Gajess
sweat pants : Gajess
sunglasses : CELINE
bag : CHANEL
socks : Tabio
shoes : CAMINANDO

18

リップは
最後のバランサー。

シンプルコーディネートが基本の私にとって、
リップの役割は本当に重要。
服を着替え終わったら、鏡の前で全身を見て
「カジュアルすぎない？ 頑張りすぎてない?」と
鏡の中の自分に必ず問いかけます。
そして最後に、リップまで含めたスタイリングを完成させる。
リップを塗る前のコーディネートはまだ完成度90%。
最後の10%の部分はリップに委ねるのが私流。
リップなくして私のファッションは成り立ちません。

タンクトップにデニムという
究極にシンプルなコーディネートを
どう艶っぽく仕上げるか。私がいちばん
こだわるテーマです。味方してくれる
CHANELの赤リップは手放せない大切なお守り。

lipstick : CHANEL
top : Gajess
denim : NEEDBY heritage
earrings : MARIA BLACK
bag : CELINE

CHAPTER
2

JOBA STYLE
RULES
OF
MOTIVATION

私が前作のスタイルブックから語りたかったこと、
それはモチベーションのお話。
なにに対しても負けず嫌いの私が、
いつか叶えたい夢、仕事の目標、理想の体型、
様々な目標に近づくには原動力が必要です。
そのためにとても重要なのがメンタルの状態。
私は日々の中で、感情をとても大切にしています。
泣いたり笑ったり、毎日感情的な私だからこそ、
その感情と向き合い、つき合っていく方法を
ここでお話出来たらと思います。

19

常に小さな夢と大きな夢を
両方持つ。

自分が努力すれば叶う小さな夢と、努力だけでは叶わない大きな夢。
私は常にこの両方を持ち続けています。
小さな夢を叶えることで得る
成功体験の積み重ねによって、自己肯定感も上がり、
大きな夢に向かっていく自信がつく。
私はこれを10年近く続けて
小さな夢も大きな夢も、
少しずつ、でも着実に叶えています。

dress : Gajess
earrings : MARIA BLACK

20

尊敬する人をライバルにする。

私は尊敬する人と出会ったら、その人を目標にします。
この人を超えたいという闘争心に尊敬がプラスされると
とっても明るい気持ちで前を向けるんです。
以前は嫌いな人、苦手な人をライバルにしていた時期もありました。
負けず嫌いの性格はいまも昔も変わらないけど
誰をライバルにするかで、気持ちの向く方向が
まったく変わるということに気づきました。

T-shirt : Gajess   **denim** : RE/DONE
earrings : JIL SANDER   **bracelet** : SOPHIE BUHAI   **shoes** : PELLICO

21

モヤモヤしている
気持ちと向き合う。

理由はわからないけどモヤモヤする時って
ありますよね。そんな時は何にモヤモヤしているのか、
ノートに書き出すようにしています。
原因が見えてくることで、まず少しすっきりする。
そしてそのモヤモヤの内容が
意外に大したことない場合がほとんどで、そこでまたさらにすっきり。
ネガティブな自分をスルーしないで見つめてあげることは
自分を大切にしてあげることと同じなのです。

top：PROTAGONISTA **pants**：NKNIT **necklace**：Cartier

22

ひとりカフェは
頭の整理整頓時間。

毎日慌ただしく過ごす中で、
ひとりでカフェに行く時間は私にとって、とても大事。
休憩をしに行くのか、仕事をしに行くのか、
そのどちらにも当てはまらない「目的のなさ」が
自分を俯瞰で見られる貴重な時間です。
人と会うのも好きだけど、ひとりの時間も好き。
私の切り替えのスイッチはカフェにあります。
いつだって大好きなアイスラテが相棒です。

top : GIU GIU
denim : RE/DONE
bag : HEREU

23

いざという時のために
ギフトリストを準備しておく。

突然の手土産やギフトが必要な場面に備えて、
自分がもらったら嬉しいギフトリストを日常的に更新しています。
素敵な大人からいただいた、気の利いたギフトに
私自身が感動することが何度もあって、
自分もそうありたいなと思ったのがきっかけ。
例えばD'ORSAYのキャンドルは、それぞれ時間が商品名になっていて、
相手の時間の過ごし方を想って贈るギフト。
相手を思う気持ちが伝わる素敵なアイテムです。

candle : D'ORSAY
16:45 Mine de rien.

24

ピンチこそ、見せ場。

ピンチは見せ場に変えていきたい。
「ピンチはチャンス」という言葉通り、
チャンスが転がっていることに気づけるかどうかがとても大事。
逆境も挫折も「むしろ、見せ場を与えてもらったんだ！」と変換することで、
目立ちたがり屋で負けず嫌いの血が騒ぎます(笑)。
私は苦労も涙も上手に隠せないタイプ。
その全部が人生の見せ場だと思えば、スマートに振る舞えない自分も
ポジティブに受け入れられます。

dress : JIL SANDER

25

お守りのプレイリストを
持っておく。

感情で生きているとよく言われる私は、
気持ちの浮き沈みもたくさんあります。
そんな時、いつも支えてくれるのが音楽。
この曲を聴いたら頑張れる、この歌詞が自分を応援してくれる、など
自分のお守り的存在の音楽を持つと心強い。
学生時代から吹奏楽に夢中なので、クラシックを聞くのも大好き。
移動中や仕事の合間などで聴いては、
音楽から勇気をもらっています。

top : JIL SANDER   **earrings** : JIL SANDER

incense : Astier de Villatte
candle : D'ORSAY
body cream : PAUL SCERRI
wireless speaker : SONOS

26

夜のリセットタイムをつくる。

夜中までずっと仕事をして、一日中、切り替えが
出来ないままの日がよくあります。
そんな時、夜の気持ちへと導いてくれる
リセットタイムをつくって気持ちを落ち着かせます。
私の場合、それはキャンドルやお香を焚いたり、
バスタイムでの贅沢な時間。
少し暗くしたバスルームでひとり香りに包まれると、
慌ただしかった時間がゆっくりと流れていきます。

SONOS

27

忙しい時ほど
人に会いに行く。

前職を辞め、独立して気づいたこと。
仕事に追われるとつい、忙しさを理由に
お誘いを断ることが増えがちですが、
ひとりで一日中仕事に向き合ったところで
仕事の効率は全然上がらない。むしろ、好きな人たちと会って
エネルギーや仕事のヒント、刺激をたくさんもらう。
帰ったらまた集中して仕事が出来る。
人に会うことって、想像以上に大きなパワーがあります。

knit : UNIQLO   earrings : UNITED ARROWS
ring : (左から) CELINE,MARIA BLACK,Satomi Kawakita Jewelry,MARIA BLACK

28

自分の弱さは隠さない。

私には胸を張って自信を持てることがたくさんあります。

でも、それ以上に自信がない部分もたくさんあります。

たとえそれが私の弱さだとしても、隠すことはしません。

出来ないなら人に頼る。わからないなら人に聞く。

簡単なようで、プライドが邪魔する時もあると思います。

でも大きなストレスをひとりで抱えるのはリスク。

私は自分の弱さをさらけ出せる相手がいることに感謝しています。

jacket : Gajess
top : Gajess
earrings : MARIA BLACK
bag : THE ROW
shoes : GANNI

29

大好きな人たちと
美味しいごはんを食べる。

どんなに忙しくても、好きな人とごはんを
食べる時間を大切にしています。
ダイエット中だったり、仕事で忙しかったり、
いろいろな事情があっても、大好きな人たちと
一緒に美味しいごはんを食べられる贅沢さには敵わない。
たくさん食べて笑って、満たされて、
また頑張ろうと思えるかけがえのない時間です。

top : Gajess
skirt : MIU MIU
sunglasses : CELINE
earrings : R.ALAGAN

30

「ありがとう」のその先も伝える。

感謝のしるしに「ありがとう」を言うのは
当たり前のことですが、そこにもうひとつプラスして
伝えることを意識しています。
「一緒に来てくれてありがとう。嬉しかった」
「ありがとう。おかげで楽になったよ」
簡単で些細なことだけど、
気持ちが伝わるおまじない。
いま、この瞬間から実践できるはずです。

knit : UNIQLO
denim : THE SHISHIKUI
ring : （下から）CELINE,MARIA BLACK,Satomi Kawakita Jewelry

31

未来の見えない、いまを楽しむ。

もしも10年後の自分の生活、経済力、仕事が
決められていて、未来が簡単に想像出来てしまったら。
私にとって、こんなにもつまらないことはありません。
未来は見えない方がワクワクして楽しい。
見えない未来を考えて不安になったり、
変えられない過去にとらわれたりするより、
いまをとことん楽しんでいる自分が好きです。

top : Gajess
skirt : MIU MIU
sunglasses : CELINE
bag : MIU MIU
shoes : SALOMON

CHAPTER 3

JOBA STYLE
TALK
ABOUT
CAREER

いまの自分があるのは、いくつものステージで
もがき苦しみながら、ここまでキャリアを積み上げてきたから。
前職でプレスやブランド立ち上げなど貴重な経験を経て、
勇気を振り絞って独立、そして会社を立ち上げました。
振り返ると、いつもそこには
私を支えてくれるたくさんの人たちがいました。
一緒に笑って、一緒に戦って、一緒に歩いてくれる。
そんなかけがえのない仲間たちとの会話から、
少しでもなにかを感じていただけたら嬉しいです。

三條場夏海 × 田中みゆき

「ものづくりの楽しさ、深さを教えてくれたのが田中さんです」

デザイナー
田中みゆきさん

フリーデザイナー。宮崎県出身。
文化服装学院大学卒業。2023
年ビームスを退社後、デザイ
ナー、企画コーディネーターと
してフリーランスに。ヨガと映画
鑑賞が癒しの時間。

編集部 おふたりが一緒にお仕事をする
ようになった経緯を教えてください。

田中 私はいま、フリーランスですが、前
職はビームスにデザイナーとして在籍して
いました。三條場さんと本格的に仕事を
するようになったのは、当時彼女がビー
ムスでプレスをしながら、自身のブランド
を立ち上げようとしていた時期ですね。

三條場 ビームスの社内コンペプロジェ
クトで私が優勝させていただいて、自
分のブランド、JOIÉVEを始めることに
なったんです。その時に上司からデザイ
ナーは田中さんになると聞いて、「ラッ
キー！」と思いました(笑)。

田中 私はビームスのデザイナーとして
他ブランドとも仕事をしていたのですが、
JOIÉVEの時だけチームの空気が違って
いましたね。他のブランドは規模が大き
いので、しっかり売上を立てないといけ
ないし、商品会議もピリピリすることが
当然あるのですが、JOIÉVEの打ち合わ
せはワイワイと和やかで。

三條場 規模が小さな新しいブランド
だったので、他のブランドより自由度が
高かったんですよね。上司から、他のメン
バーも私が集めていいと言われて、気の
合う女子ふたりを呼んでチームをつくりま

した。そのふたりと田中さんで服づくりをするのが本当に楽しくて。

田中 私もそのチームに呼ばれて、「これは空気がいいぞ」ってすぐに思いました。きっと楽しく服がつくれるって直感的にわかりました。チームがみんないい子だったので、もうワチャワチャしながら、時には歌ったり踊ったり(笑)。

編集部 歌ったり踊ったり!?

三條場 テンションが上がるとそんな時も(笑)。でも田中さんはそれを許してくれるんです。

田中 「また始まった」って見ていました(笑)。

編集部 服づくりを初めて経験する三條場さんとのお仕事は、どうでしたか?

田中 まず、すごくわかりやすかったですね。これがやりたい、こんなシルエットにしたい、といったことが明確。そもそもJOIÉVEが彼女自身のブランドだったので、買ってくれるお客様の中に彼女自身もいるようなイメージです。他のブランドだったら、お客様がなにを求めているのか見えづらくなることもありますが、JOIÉVEは三條場さんが純粋に欲しいものをつくることが求められていました。

編集部 お互いの印象はどうでしたか?

田中 私は三條場さんをパワフルだなといつも思っていました。やりたいことを常にはっきりと言って、それを実現していくパワーがありました。私より20歳近く年下ですが、すごく刺激を受けましたね。

三條場 新しいブランドを立ち上げるという大きなプロジェクトだったので、責任もプレッシャーもある中で、田中さんが本当に優しくいろいろなことを教えてくれて嬉しかったです。素人の私をもどかしく感じるはずなのに、何もわからずとんちんかんな質問をしても丁寧に教えてくれるんです。通常のブランドだったら、バイヤー、MD、ディレクターとそのアシスタントがいるような規模になるのですが、JOIÉVEの場合は私ひとりだったので、私と田中さんの距離感はすごく近かったですね。田中さんはJOIÉVE以外のブランドにも関わっていたので、すごく忙しかったと思います。本当に幸せな出会いに感謝です。

編集部 どのような服づくりの時間でしたか?

三條場 私が集めたチームは同世代の女子ばかりで、ワイワイうるさかったと思うのですが(笑)、田中さんも一緒に盛り上がってくれるんです。キャリアでは大先輩

なのに、「わかる! 可愛い! 私も好き!」みたいにノリノリで一緒に服をつくってくれる。何も知らない私たちをまったく否定せず、同じ場所に立ってくれるような優しさがありました。専門用語を何度も繰り返し聞いたり、繊維の名前をなかなか覚えられなかったりする私に、クイズ形式で教えてくれることもありました。

田中 たしかに。「今日のジョバさんが着ている服の素材はなんでしょう?」とかやってたね(笑)。

三條場 田中さんは「こんなことも知らないの?」みたいな言葉を一切言わないんです。田中さんの優しさに何度も助けられました。私はこういう自分のハイテンションな性格を抑えて服をつくっても、いいものがつくれないと思っていたから、ありのままでいられる関係がすごくありがたかった。私は感情を込めないと服は可愛くならないと思っていて、全力で感情移入することを認めてくれたのが田中さんだったんです。

編集部 苦労したことはありますか?

三條場 大変だったかもしれませんが、苦労と思ったことはなかったです。とにかく楽しかったですね。本当に、つくれば売れるというありがたい状況でした。

編集部　つくっている段階で売れる予感はありましたか？

三條場　ありました。可愛かったので(笑)。そして田中さんが「これは売れそう」って言ってくれるとすごく嬉しかったです。

田中　まだ小さいブランドなのでいろいろ挑戦も出来て、しかも売れて、さらに自由度が高くなり可愛い服がつくれるという好循環でした。「自由に楽しく服をつくると可愛くなる」というお手本みたいなブランドでしたね。制限があったり、難しい戦略を考えたりすることが多い中で、すごいことだと思います。

編集部　そんなおふたりが新しいブランドのGajessを始めたいきさつを教えてください。

三條場　私から田中さんにお声がけしました。ブランドの立ち上げを考え始めた時期から、田中さんに相談することは決めていました。

田中　私も、自分を求めてくれる人のために服をつくっていきたいなと思っていたので、すごく嬉しかったです。声をかけられた時は即答でお受けしました(笑)。

編集部　服づくりにおいて、JOIÉVEとGajessの違いは？

三條場　JOIÉVEの時は私と田中さんだけのやりとりだったのが、Gajessでは田中さんの後ろにいた工場の方々やパタンナーさんともお会いするようになりました。そこで衝撃だったのは、田中さんがその方々に「ここはもう少しこうしたほうが可愛い」とか、「いや、それだとジョバさんぽくない」と指示しているのを見た時。私でさえ気づかないGajessらしさを田中さんが代弁してくれていて、私の服は田中さんのその「ひと声」で可愛くなっているんだって感動したんです。そして、JOIÉVEの時もそうだったんだと気づき、感謝の気持ちでいっぱいでした。

編集部　田中さんから見て、Gajessを始めた三條場さんに変化はありましたか？

田中　三條場さんは何も変わってないですね(笑)。仕事の向き合い方も、キャラクターも、情熱も何も変わってないです。そして、このまま変わらなくていいと思っています。わからないことはプロに任せてくれて、そして彼女に任されると頑張りたくなる。私のまわりの人もみんな言っていますが、三條場さんは「巻き込み力」がすごい。一緒にいると楽しくて、その楽しさが服に出てくる。ブランドディレクターとして本当のプロだと思います。

三條場夏海 × 近藤昌平

「ブランディングについて議論できる貴重な存在」

PR会社代表

近藤昌平さん

株式会社RADIMO代表取締役。
販売員、モデル、広告代理店な
どを経験したのちに独立。現在
はファッションディレクターとし
て、アパレルブランドのブラン
ディングやPRの他に美術館や化
粧品のPRなども手掛けている。

編集部 おふたりの関係性を教えてくだ
さい。

近藤 なっちゃんのブランド、Gajessの
ブランディングとマーケティングを中心
に、なんでも相談してもらえたらと思って
関わらせていただいています。

三條場 ビームス時代から昌平さんのこ
とは知っていて、共通の知人がいたこと
もあり、自然と仕事の話をよくする関係で
した。実は昌平さんは、かなり早い時期
から私に独立を勧めてくれていたのです
が、私はビームスが楽しかったのでなか
なかそんな気になれなくて。

編集部 なぜ独立を勧めたのですか?

近藤 誰にでも独立を勧めるわけでは
なく、彼女にはそれが必要だと確信を持
っていたからです。彼女がやりたいこと、
出来ることが明確で、それらを実現する
には独立しかないと思ったんです。

三條場 私もステップアップしたい気持
ちは常にあるし、いつかは自分のブラン
ドが欲しいと思っていました。「だったら
一日でも早いほうがいい」と言ってくれた
のが昌平さんです。

近藤 僕のまわりにも自分のブランドを
つくってビジネスを成功させている知人が

たくさんいますが、彼らの話を聞くと、彼女が成功するビジョンしか見えなかったんです。そして独立は早いに越したことがないと思うんです。チャンスも広がるし、若いうちのほうがまわりのサポートも受けやすいのではないかと考えています。

三條場 もうめっちゃ背中を押してくれたんです(笑)。でも当時はビームスのプレスメンバーとプライベートでも頻繁に会うくらい仲良くて、毎日が本当に楽しかったから、辞めるなんて全然考えられなくて。でも昌平さんは、感情で動くわたしと違って、冷静に私のキャリアを案じてアドバイスをしてくれて、最終的には独立するという勇気を与えてくれました。

編集部 独立してからタッグを組むことになるまでの経緯は?

三條場 昌平さんから、「サポートするから一緒に始めよう」と言ってくれました。私は最初、自分ひとりでやりたいと思っていたんです。でも昌平さんが、「ひとりでやれることには限界があって、チームを組むと可能性の広がり方が違う」とアドバイスをくれました。

近藤 僕は20歳の頃にビジネスを始めて、26歳で独立したのですが、ひとりで仕事をしている時間が長かったんです。やはりひとりで出来ることも体力も限られるし、少しずつスタッフを増やしていきました。ひとりじゃなくなることのメリットや強さを実感して、彼女にもチームの良さを伝えたかった。

三條場 時間はかかりましたが、昌平さんに説得されて考え方が変わっていきました。デザイナーの田中さんみたいに外注の方たちの協力は必須だと思っていたけど、ひとつのチームとして一緒に働くのは本当に必要なのかどうか。いま思うと、悩んでいたのは自分が未熟だったんだなと思います。昌平さんは、最初からブランドを大きく成長させていく未来を見ている。そんな人がチームにいることがとても心強いです。

編集部 具体的にはどんなサポートを受けていますか?

三條場 ブランディング、マーケティングのアドバイスにはいつも納得させられます。自分もビームス時代にそれを経験してきたつもりでしたが、さまざまなブランドやジャンルに関わっている昌平さんの幅広い知識や意見は本当に勉強になります。私は前職のひとつの事例しか持っ

ていなくて、視野が狭いことに気づかせてくれるんです。そして昌平さんは情報だけでなく、自信も与えてくれます。私がなにかを「やりたい」と言うと、「やれるでしょ、やろうよ」とすぐ言ってくれる。ふたりとも夢が大きいタイプなので、夢を語り出すと止まらないんですよね(笑)。この前もスタバで3時間半、語りました。

近藤 僕自身がさまざまなセレクトショップやブランドと関わりがあり、彼女と違う視点を持っているので少しでも新しい考え方を与えられたらと思っています。

編集部 近藤さんから見て、三條場さんの強みはなんですか?

近藤 言葉の力だと思います。発信力も説得力も、その言葉の強さから来ていると思います。そして彼女が自分軸で生きていること。その「自己中さ」を正当化出来る組織があったら強いと思いました。でもひとりで自己中にやっていたら破綻してしまう。そこは彼女とジョイントした時期から意識しているところですね。

編集部 これからの課題はありますか?

近藤 組織的な面で言うと、環境整備は課題ですね。一緒に前を向いてくれる人というより、彼女の足元や背中を見て

くれる人が必要だと思います。ブランドを
チームで発信出来るようなメンバーづく
りも重要です。また、「将来的にこんなブ
ランドにしたい」という目標を設定するな
ら、そのための成長速度はどのくらいな
のかも話し合います。でも、アドバイスは
しますが最終ジャッジをするのはなっち
ゃんです。

三條場 さまざまな課題を見つけて、そ
のアドバイスを完璧に言語化出来る昌平
さんを尊敬しています。本編(P.074)でも言
っていますが、尊敬している昌平さんは私
にとってライバルでもあるんです。正直に
言うと、昌平さんに指摘されて「悔しい」
と思うこともたくさんあるんですよ(笑)。
私なりに考えたことにダメ出しされると頭
にくるし、褒められると「よっしゃ！」って
思う。昌平さんとディスカッションして、自
宅でひとり泣いたこともあります。だから
昌平さんをいつか越えてやるって企んで
るんです。完全に一方的ですけど(笑)。

近藤 定食屋で食べたあと、外で言い合
いをしたこともあるよね(笑)。

三條場 ビジネスの方針について、どち
らも譲らなかった(笑)。両方正解で、考
え方の問題だったけど、真剣だったから

こそ熱くなってしまいました。こんな熱量
でブランドに向き合ってくれる存在は本
当にありがたいです。

近藤 なっちゃんはSNSの面でも強い
のが武器だと思います。いまのSNSはブ
ランディングの方法論がたくさんありま
すが、なっちゃんはそういったことにもと
ても長けていてる。ただ、本人のSNSと
GajessのSNSの考え方をどう分けるかが
これからの課題ですね。

三條場 自分のSNSは楽しいのですが、
ブランドのSNSにはまだまだ満足してい
ないです。そして昌平さんは、私の発信や
方法に対して「あれよかったね」とか「こ
の見せ方いいね」とか、フィードバックを
丁寧に返してくれるのが嬉しいです。

近藤 なっちゃんのその素直さと、いい
意味で自己中な部分とのバランスがやっ
ぱりすごいなと思います。彼女に「昌平さ
んももっと自分をさらけ出しなよ」と言わ
れてハッとしたことがあります。自己中じ
ゃないとまわりに気を取られて前を向け
ない時だってあるし、彼女のその言葉に
考えさせられました。なんでも本音で話
し合い、共に戦えるいまの関係は貴重だ
なと思います。

行きたかったソウルのカフェでアイスラテ巡り。

CAFE 01

haus coffee & dessert

ハウス コーヒー ＆ デザート

@haus_coffee_desert

伝統的な韓国の建築様式を使用した平屋の家屋がカフェに。ソウル新羅ホテルから近いので、宿泊したらぜひ立ち寄ってほしい。今回は食べられなかった週末限定のモーニングで、次回はフレンチトーストを狙います！

CAFE 02

NUDAKE HAUS DOSAN

ヌデイク ハウスドサン

@nu_dake

GENTLE MONSTERプロデュースのカフェ。3店舗ある中でも人気の複合ビルHAUS DOSANのB1FにあるNUDAKEは、他のフロアで買い物をしたあとの休憩にオススメ。アートのようなスイーツやドリンクにも注目♡

CAFE 03

TEAFFERENCE SEOUL

ティポロンス ソウル

@teafference_official

コスメブランドISOIからローンチされた、お茶をコンセプトにした複合カフェ。プラスチックフリーのカップも素敵！
店内に飾られたアート作品を楽しんだら、ソウル中心部が望める屋上のテラスへぜひ行ってみて。

CAFE 04

珈琲島 新論峴店

カベド シンノニョンジョム

@gbdcoffee

インテリアはアンティーク家具が中心のレトロなムード。スタッフ全員がバリスタとのこと。ボリュームのある
ティラミスが有名で、私は抹茶ティラミスをチョイス。アールグレイティラミスも気になりました！

私のホテルステイ in ソウル。

HOTEL

THE SHILLA SEOUL

ソウル新羅ホテル

249, Dongho-ro, Jung-gu, Seoul 04605, Korea

@ @theshillaseoul

私は旅が目的でなくても都内のホテルに泊まるくらい、大のホテル好き。
気に入っているホテルの過ごし方はふたつ。
ひとつめは、ホテルのカフェやラウンジで仕事をする時間。
日常とは違う空間で仕事をすると、新しい思考に切り替わります。
そしてシンプルに、「リッチなラウンジで仕事をしている自分」に
浸ってモチベーションを上げています(笑)。
ふたつめは、ホテルの朝食。いちばんと言っていいほど楽しみな時間。
ホテルのベッドで目覚めて、すぐに楽しみな朝食が食べられる状況って、
ささやかだけど、とても幸せなことだなって思うんです。
今回の撮影を行ったソウルでは、憧れの〈ソウル新羅ホテル〉に泊まりました。
朝陽が降り注ぐ絶景のラウンジで、最高の朝食時間から一日をスタート。
ホテルの中では、人気ブランドのショッピングからプールまで楽しめます。
スイートルームで撮影した写真も、ぜひ楽しんでもらえたら嬉しいです。

top : Gajess
earrings : R.ALAGAN
necklace : Cartier

100 QUESTIONS, 100 ANSWERS

この「100問100答」は、2021年発売の
スタイルブック「joba's SIMPLE BASIC」で
収録した同名コーナーをベースに、一部改訂したものです。
今回はじめましての方も、長く応援してくださっている方も。
もしよければ「最新の私」と「2年前の私」を読み比べながら
どのように変化したのか/変化していないのか、
三條場夏海のことを、より深く知ってもらえたらうれしいです。

※ Instagramでの質問募集をもとにランダムに作成

1. **名前の由来は？** 夏の海のようにキラキラと輝いてほしいから

2. **出身は？** 東京生まれ、神戸育ち

3. **血液型は？** B型

4. **身長、体重は？** 158cm、45kg

5. **視力は？** コンタクトをしてますが、なくても家でなら生活できるくらい！

6. **ニックネームは？** なっちゃん、じょば、じょばさん、なにゃん

7. **特技は？** ドラム、ちょっとしたモノマネ

8. **趣味は？** オーケストラ鑑賞、カラオケ採点

9. **長所は？** 負けず嫌いなところ、前向きなところ

10. **短所は？** 苦手分野に興味がない、声がでかい

11. **チャームポイントは？** おでこ

12. **コンプレックスは？** お酒が弱いところ

13. **口癖は？** 「え」「やばい」

14. **ついやってしまう癖は？** 枝毛を探す癖を絶賛やめようとしているところ

15. **苦手なことは？** 部屋の片付け

16. **学生の頃の得意科目は？** 音楽と美術の成績は常に「5」でした！

17. **アルバイト経験は？** 居酒屋、カフェ、アパレル。朝はカフェ、その後は
深夜まで居酒屋コースとかでハシゴする日もめちゃくちゃありました

18. **座右の銘は？** やらない後悔より、やった後悔

19. **自分の好きなところは？** 負けず嫌いで諦めないところ、好きな人に尽くすところ

20. **自分の嫌いなところは？** 夜寝るまでずっとダラダラしてしまうところと、肩こりのひどさ

21. **寝る時間は？** 27時（本当は25時に寝たい、、）

22. **好きな食べ物は？** ラーメン、ハンバーグ

23. **好きなお酒は？** 梅干しサワーだけ好き

24. **嫌いな食べ物は？** 貝類、ホルモン

25. **学生時代の部活は？** 吹奏楽部♡

26. **部活の思い出は？** 6年間全力でやりきった毎日。とにかく青春していたので、話すと泣けるほど（笑）

27. いちばん好きな吹奏楽の曲は？　「マゼランの未知なる大陸への挑戦」「オーメンズ・オブ・ラブ」「シバの女王ベルキス」

28. 好きな楽器は？　大好きなTimpaniに加えて、Hornの魅力にもどっぷりハマってます

29. リラックスしたいときに聴く曲は？　アラン・メンケンの曲

30. 幼少期はどんな子だった？　ママがいないとすぐ泣く子 A

31. 家族構成は？　父と母、4つ下の弟

32. 大学時代はどうだった？　やりたいことを色々やりすぎて、単位取るのはギリギリでした（笑）

33. 嫌なこと、苦手なことはどう乗り越える？　とにかく泣いて発散、苦手なことは人に頼る♡

34. よく言われる第一印象は？　ツンツンしてそう

35. 仲良くなるとどんな人って言われる？　うるさくて明るくて素直

36. この世でいちばん怖いものは？　G（名前も出したくない）

37. 小さい頃の将来の夢は？　アイドル

38. 面白くないことは？　決まった作業を繰り返すこと

39. プレスになろうと思ったきっかけは？　目立ちたがり屋だから（笑）　向いた職業を探しました

40. 仕事のリフレッシュ方法は？　アロマエステに駆け込んで、心も身体もリラックス

41. 落ち込んだときに回復する方法は？　泣くか、音楽を聴く

42. テンションの上がる曲は？　「私は最強」/Mrs.GREEN APPLE、ジョン・ウィリアムズの曲全般

43. モチベーションを上げるために何をする？　大好きな人と話す

44. 至福の時間は？　マッサージ、自然に触れる時間（特に山の自然が好き）

45. 何から順番にコーディネートを組む？　バラッバラすぎて大変（笑）

46. コーディネートを組むのは当日の朝派？　前日の夜派？　出来るだけ前日が良いけど、結局、当日にバタバタ

47. 休日の過ごし方は？　ショッピングや、ドライブで遠出したり B

48. 願いがひとつ叶うなら？　努力でも叶わないことを叶えたいから、またみんなで部活をしたい！（吹奏楽）

49. 憧れの人は？　自立して芯がある人

50. 好きな人のタイプ（女性）は？　面白くてお互いを応援し合える人

51. 好きな人のタイプ（男性）は？　色気があって優しい人

52. 一目惚れする？　結構する

53. 男性への譲れないポイントは？　女の子扱いしてくれる人

54. 何フェチ？　匂いフェチ

55. キュンとする仕草は？　頭ポンポン（ベタすぎてすみません）

56. 男性の好きなファッションは？　シンプルなのに色気を感じるファッション

57. 最高のデートコースは？　ドライブで夕日を見る

58. 神戸でお気に入りの場所は？　居留地の街並みが好き

59. 韓国で好きなお店は？　コリアタッカンマリ

60. 30歳の節目で買いたいものは？　腕時計かシャネルのリング（もう目前！）

61. 自分へのご褒美は？　ときめいたバッグやシューズ C

62. 骨格診断やカラー診断は？　あまり興味がないのですが、おそらく骨格ストレート？

63. いままでに買った一生ものは？　歯列矯正

64. 大切にしているものは？　自分の夢と仲間 D

65. 夢の叶え方は？　諦めないことと、自分を好きになること

66. 好きなスイーツは？　モンブラン

67. 死ぬまでにやりたいことは？　ウィーンでオーケストラを聴くこと

68. お気に入りの下着は？　やっぱりカルバン・クラインが好き

69. スタイル維持のためにしていることは？　水を2リットル飲む、からだを鏡でしっかり見る、でも納得するほど
の体型維持はなかなか出来ません…

70. 美容のために気をつけていることは？　とにかく顔への水分キープ！　出来るだけ毎日パックするようにして
います

71. 毎日欠かせないことは？　カフェラテを飲む

72. 夜寝る前にすることは？　YouTubeを見ながらの寝落ちが最高

73. 好きな香りは？　D'ORSAY

74. 化粧水のこだわりは？　肌の奥がヒヤッとする感覚があるものが好き

75. 頼れるスキンケアアイテムは？　FASの化粧水と、SK-Ⅱのクリーム

76. メイクのポイントは？　ベースとなるツヤ肌

77. お気に入りのボディクリームは？　MARKS&WEBがいちばん塗りやすくて使える！（学生の頃も使ってた）

E F

78. 誰にも言ってないことひとつ教えて　いまこの質問をカラオケで回答しています（25:00）

79. 好きなスナック菓子は？　じゃがりこ

80. マイブームは？　ビジネス系YouTubeを見る

81. 好きな映画は？　「きみに読む物語」（でも普段はサイコパス映画ばかり見ています）

82. どこのカフェラテが好き？　STREAMER COFFEE COMPANY E

83. 断捨離はどうする？　苦手すぎて誰かやってくれません？

84. 服を買う基準は？　トキメキ。買わなくて後悔しそうかどうか

85. 生まれ変わるなら女？男？　女

86. もし違う人生を歩むなら？　んーーモテモテのイケメンか、腕の良い名医

87. 小さいときに好きだったことは？　ドレスを着てお姫様ごっこ

88. 初めて行ったコンサートは？　モーニング娘。

89. 楽しかった旅行は？　お仕事だけど、今回の書籍撮影の韓国♡ F

90. 子どもの頃の思い出は？　学習発表会とか、音楽会とか大好きだった！

91. 高校時代の思い出は？　とにかく部活。スカートの長さを怒られないように必死だった思い出もw

92. 苦手なシーンは？　初対面の人が集まる場所…

93. 自炊はする？　最近は簡単飯が多いけど、自炊増やしてます！

94. 最近、克服したものは？　辛いものが徐々に平気に、好きになってきた！

95. うれしかったことは？　好きなことが仕事につながったこと♡（まだ内緒）

96. ディズニーランドで好きなアトラクションは？　スプラッシュ・マウンテン

97. USJで好きなアトラクションは？　ジュラシック・パーク（ホラーナイト期間大好き）

98. 「意外だね」と言われることは？　親を「おとう」、「おかあ」と呼ぶこと

99. 好きな季節は？　春と秋

100. 将来の目標は？　ずっとキラキラし続けていたい

EPILOGUE

「31のわがまま」、いかがでしたでしょうか。

新しく自分でブランドと会社を起こし、毎日が自分との戦いとなったいま
今回ご紹介した「わがまま」のひとつひとつが、
いつも自分の支えになっていると感じています。

そして、同じように日々頑張っている
みなさんとも共有したい、という気持ちが大きくなり
この書籍をつくらせていただくにことになりました。
いまの私の想いをすべて詰め込んだつもりです。
2年前、1冊目のスタイルブック発刊時から念願だった
ステップアップという意味も込めた海外ロケも、今回叶えられました。

なりたい自分は、自分でつくれます。

明日からの毎日の中で自分を好きでいられる・自信を持てるヒント、
お守りになるような言葉を、この本で見つけていただけたらとっても嬉しいです。

私たちはそれぞれ、置かれたステージは違うかもしれません。
迷いや悩みも人それぞれだと思います。
でも、そこで自分を好きでいるために前を向くことは、誰にとっても大切なはず。
自分だけじゃない、そう感じてほしいです。

完璧ではない私だからこそ、
明日からもこの「わがまま」を大切に、前を向き続けたいと思います。

一緒に、なりたい自分になるために
ほんの少しのわがままを、自分のために許していきましょう。
みなさんが素敵な毎日を送れることを心より祈っています。

三條場夏海

Natsumi Sanjoba

三條場夏海

1994年、東京生まれ、神戸育ち。大手セレクトショップに新卒入社。販売職を経験
したのち、異例の早さでプレスに抜擢される。2020年には社内コンペを勝ち抜き
ブランドを立ち上げ、ディレクターに就任。2021年には初のスタイルブック「joba's
SIMPLE BASIC」を出版、2022年に独立した。2023年、自身のブランド「Gajess」の
ディレクションをスタート。Revemu inc.のCEOも務める。シンプルで女性ならでは
の色気を大切にした着こなしに定評があり、さまざまな女性誌やSNSで注目を集
めている。身長158cm、好きな飲み物は配色のきれいなカフェラテ。

🅞 @natsumi_sanjouba
　 @gajess_jp

JOBA STYLE
なりたい私になる31のわがまま

2023年11月20日　第1版　第1刷発行

著者	三條場夏海（Revemu inc.）
撮影	RIKKI（n30／人物）、魚地武大（TENT／静物）
ヘアメイク	本岡明浩
デザイン	半坂亮太（store inc.）
校閲	小池晶子
クリエイティブディレクション	西澤未来（LVTN）
Special Thanks	キム・ミンヨン（KLTLAB） 石山秀一（SANJU）、近藤昌平（RADIMO）、岡田翔真（RADIMO）
制作協力	エース株式会社、グリーンスタンプ株式会社（D'ORSAY Japan）、 ジェイプレスインターナショナル（MACKAGE）、株式会社令和トラベル（NEWT）、 ソウル新羅ホテル、ジンエアー、TEAFFERENCE SEOUL
発行人・編集人	松井謙介
企画編集	青木宏彰
発行所	株式会社ワン・パブリッシング 〒110-0005　東京都台東区上野3-24-6
印刷所	大日本印刷株式会社
製本所	小宮製本株式会社
本文DTP	株式会社アド・クレール、株式会社グレン

●この本に関する各種お問い合わせ先
内容等のお問い合わせは、下記サイトのお問い合わせフォームよりお願いします。
https://one-publishing.co.jp/contact/

不良品（落丁、乱丁）については ☎0570-092555
業務センター　〒354-0045　埼玉県入間郡三芳町上富279-1

在庫・注文については書店専用受注センター　☎0570-000346
©ONE PUBLISHING

ワン・パブリッシングの書籍・雑誌についての新刊情報・詳細情報は、下記をご覧ください。
https://one-publishing.co.jp/